AF348234

EXTRAIT DU MONITEUR UNIVERSEL
du 10 janvier 1847.

LE
PALAIS MAZARIN

ET LES GRANDES HABITATION

DE VILLE ET DE CAMPAGNE

AU XVIIe SIÈCLE,

PAR M. LE COMTE DE LABORDE

**Membre de l'Institut
et de la Chambre des députés.**

De tous les personnages célèbres de notre histoire, le cardinal Mazarin est, sans contredit, celui qui a le plus exercé la plume des écrivains. De son vivant, comme après sa mort, pamphlétaires et apologistes, poëtes et historiens, ont prodigué à ce ministre fameux les diatribes ou les éloges, ou bien ont consacré leurs recherches à faire connaître les événements auxquels il a pris part. En jetant les yeux sur une nomenclature même incomplète de ces différentes productions, on pourrait croire qu'il ne reste plus rien à dire sur un pareil sujet, et que pour bien connaître la vie du cardinal Mazarin, il suffit de choisir quelques-uns des ouvrages les plus célèbres écrits sur son compte, et de les lire avec un peu d'attention. Pour fruit de cette lecture, qui ne laisserait pas que d'être fort longue, on n'obtiendrait, je le crois, qu'un singulier

mécompte. En réunissant les principaux faits qui se trouvent dans la plupart de ces ouvrages, on est frappé aussitôt de leur incohérence, on s'aperçoit aisément que là n'est pas toute la vérité. Si le cardinal Mazarin avait été réellement tel que la majorité de ses historiens nous le montrent, sans cesse occupé d'intrigues obscures, il est douteux que sa place fût devenue si grande dans l'histoire du dix-septième siècle. Cupide jusqu'à l'excès, on le représente s'amusant à peser l'or qu'il gagnait au jeu, et, comme l'avare du poëte comique, se complaisant à considérer sa cassette et à y plonger ses mains pour en palper les écus. On se demande comment un esprit si mesquin, une âme si sordide, a pu gouverner la France pendant plus de vingt années, déjouer une ligue puissante formée par les grands de l'Etat, imposer la paix aux ennemis les plus invétérés de la couronne. On reconnaît bientôt qu'il y a dans ces historiens du cardinal-ministre une opinion préconçue, et qu'une seule face de cette grande figure a été étudiée. Veut-on recourir à ces nombreux écrits contemporains composés sur son compte, à ces feuilles détachées connues sous le nom de *mazarinades*, qui abondent en insultes aussi mensongères que licencieuses, on reconnaît que, malgré leurs exagérations, ces satires ont exercé quelque influence sur l'opinion que les historiens venus après la mort de Mazarin se sont formée de sa personne, et que ces nombreux pamphlets ont contribué à égarer leur jugement.

Pour tous ceux qui veulent connaître la vérité, il est nécessaire de rechercher parmi des documents contemporains plus sérieux et moins passionnés, s'il ne s'en trouve pas encore quelques-uns qui aient échappé à toutes les recherches, et s'il ne serait pas possible, en suivant pour guides ces documents, de tracer un portrait plus complet et plus fidèle de ce ministre, qui, après tout, fut un grand homme d'Etat.

M. de Laborde a entrepris ce travail, et chacune des opinions qu'il a émises sont appuyées sur des preuves tellement considérables, tellement convaincantes, qu'il est presque toujours impossible de ne pas adopter son opinion.

C'est à propos du palais bâti par Mazarin pour lui servir de demeure, que M. de Laborde justifie ce ministre d'une

grande partie des accusations qui pèsent sur sa mé-
moire ; sous ce rapport, l'auteur a parfaitement choisi
son sujet pour soutenir la thèse qu'il s'était proposé de
défendre. Si jamais le cardinal-ministre a fait preuve
d'une somptuosité bien entendue et de goût pour les
beaux-arts et pour les lettres, c'est dans la manière dont il
a poursuivi l'exécution du plan qu'il s'était tracé pour se
créer une habitation digne en tous points du poste émi-
nent qu'il occupait. Par une singularité remarquable, cette
habitation, après avoir été pendant près d'un siècle visitée
par tous ceux qui venaient à Paris pour en voir les merveilles, est devenue peu à peu l'un des établissements
scientifiques les plus beaux de notre pays, et, sous le nom
de *Bibliothèque royale*, est aujourd'hui célèbre dans le
monde civilisé.

Quelles que soient les fortunes prospères ou malheu-
reuses qui ont agité sa vie, jamais le cardinal Mazarin ne
perdit un seul instant de vue son œuvre ; jamais il ne désespéra de la voir complétement achevée. Obligé de quit-
ter la France pendant la seconde période des troubles de
la fronde (1651-1652), il apprend sans s'émouvoir que
ses livres ont été vendus et dispersés ; que ses statues,
ses meubles, ses tableaux sont sur le point de l'être ; que
l'argent est destiné à payer celui qui livrera sa tête. Il
écrit à Colbert, son fidèle serviteur, de faire acheter les
plus précieux de ces objets par de riches financiers, ses
créatures, qui pourront les lui revendre plus tard, quand
il sera de retour à Paris, et devenu encore une fois le
maître des affaires. On le voit, jamais il ne désespéra de
sa fortune, et les événements ne tardèrent pas à justifier
la confiance qu'il avait dans son étoile.

Rien n'est plus curieux que tous les détails relatifs à la
construction du palais Mazarin ; épars dans mille documents divers, M. de Laborde les a recueillis avec un soin
et une habileté dignes des plus grands éloges.

En 1643 Mazarin, devenu premier ministre, n'avait pas
encore à Paris une demeure qui lui fût particulière. Il ha-
bitait alors, soit au Louvre, soit au Palais-Cardinal (aujourd'hui le Palais-Royal), avec la régente et ses deux
fils. Au bout du jardin de ce palais il avisa un hôtel assez
mal construit, mais parfaitement situé au coin des rues
toutes nouvelles à cette époque de Richelieu et Neuve-des-
Petits-Champs. Cet hôtel, qui appartenait au président

Tubeuf, parut assez propice aux projets d'habitation qu'il
avait conçus, et le désir qu'il manifesta de vouloir acheter
cet hôtel suffit pour que le propriétaire s'empressât de le
lui vendre.

François Mansart, architecte du cardinal, fût chargé
de convertir cet hôtel, amas confus de constructions assez
incohérentes, en un palais digne du ministre favori.
« L'architecte dressa un plan général du palais futur,
dit à ce sujet M. de Laborde, avec tous les développe-
ments, les dépendances, les communs et les jardins qu'il
projetait. Nous savons que ce plan a existé, et, bien qu'il
ne nous ait pas été donné de le retrouver, nous pouvons
juger, par les grandes galeries et par l'escalier d'honneur,
du caractère grandiose que l'artiste aurait donné à l'ensemble, si l'animosité des partis ne l'avait enveloppé dans
l'impopularité du ministre. » Accoutumé aux peintures à
fresque qui décorent les palais d'Italie, Mazarin ne man-
qua pas d'en faire couvrir tous les murs, tous les plafonds
de sa nouvelle demeure ; comme il ne trouva, parmi les
artistes français existant alors, aucun de ces hommes au
rare génie qui sont la gloire d'une époque, il fit venir de
Rome deux artistes éminents, les plus célèbres alors
de l'école italienne, Grimaldi et Romanelli. Ces pein-
tres exécutèrent dans le palais du cardinal une série
de tableaux, dont les sujets empruntés à la mythologie
antique, étaient empreints d'un caractère chaste et dé-
cent, tout à fait de bon goût, dans la demeure d'un prince
de l'Eglise. Romanelli, qui fut chargé de couvrir de peintures toute la grande galerie qui précédait la chambre du
cardinal eut, dit-on, l'adresse de prendre ses modèles
parmi quelques-unes des dames de la cour. Il saisit d'a-
bord les traits des plus jolies ; mais quand les autres eu-
rent reconnu leurs rivales, toutes voulurent figurer dans
l'œuvre de l'artiste italien.

« Cette galerie ainsi peinte depuis la voûte jusqu'au
parquet ne pouvait recevoir d'autres ornements : elle
était pourtant rehaussée par un luxe inouï de tables et de
buffets de Florence, toutes de pierres de couleur rappor-
tées à la mosaïque, de lustres de cristal et d'orfévrerie,
de chenets et de bassins d'argent. Combien de bras et
plaques de vermeil doré ! combien de cabinets de la Chine
et d'ébène ! combien de miroirs garnis de plaques d'or
et d'argent, d'écailles de tortue découpées et d'ivoire fa-

çonné par d'excellents sculpteurs! combien de tapis de
Perse, de Turquie et de la Savonnerie! en un mot, combien de richesses et de somptuosités amoncelées dans
cette galerie! C'est ainsi que Brienne la décrit, et c'est
ainsi que nous la voyons reproduite; car Mazarin, qui la
trouvait en tout digne d'un cardinal, s'y fit représenter
dans le grand costume de prince de l'Église, tenant en
main le plan d'une ville fortifiée, emblème de talents mi-
litaires, et entouré des attributs de la science et des mo-
numents des arts, pour célébrer ses occupations et ses
goûts. Le fameux graveur Nanteuil reproduisit ce portrait, qui était en même temps un tableau d'intérieur,
avec tout le talent qui fait sa gloire. »

A cette description rapide, M. de Laborde ajoute
beaucoup de particularités sur les tableaux au nombre de
quatre cents, les statues, les tapisseries, et cette foule
d'objets d'art de toute espèce qui ornaient le palais Mazarin. Il consacre plusieurs pages à faire connaître la bibliothèque réunie par les soins du cardinal, qui ne s'éle-
vait pas à moins de 40,000 volumes, et qu'il se proposait
de rendre publique au moment où les troubles de la fronde
vinrent empêcher l'exécution de ce projet, et disper-
ser un trésor amassé avec tant de peine et de soins.
Le bibliothécaire du cardinal, Gabriel Naudé, nous a
fait connaître dans l'un de ses plus curieux ouvrages
quelle était à cet égard la pensée de son maître : « Elle
sera ouverte pour tout le monde, fait dire Naudé à son
Mascurat, sans excepter âme vivante, depuis les huit
heures du matin jusqu'à cinq heures du soir; il y aura
aussi des chaises pour ceux qui ne voudront que lire, et
des tables garnies de plumes, encre et papier, pour ceux
qui voudront écrire; et le bibliothécaire avec ses serviteurs seront obligés de donner aux estudiants tous les livres qu'ils pourront demander en telle langue ou science
que ce soit, et de les reprendre et remettre à leurs places
quand ils en auront fait. »

Je ne suivrai pas M. de Laborde dans tous les détails
qu'il nous donne sur les appendices que le cardinal fai-
sait, chaque année, à son palais, principalement au temps
de sa seconde prospérité. Je me contenterai de signaler
deux chapitres de son travail, *les Hôtels de Paris, les
châteaux dans les environs de Paris au 17e siècle*. Ce sont

deux aperçus remplis de faits nouveaux et des plus piquants sur les mœurs privés de la haute noblesse à cette époque. Je passe afin de continuer l'histoire du palais Mazarin après la mort de ce ministre, et de l'établissement dans ce palais de la Bibliothèque royale.

A la mort du cardinal, en 1661, son palais, divisé en deux parties, devint la propriété d'Hortense Mancini, l'une de ses nièces, mariée au duc de la Meilleraye, et de Philippe Mancini, duc de Nevers : toute la partie neuve, celle qui longeait la rue de Richelieu, et qui renfermait la collection d'objets d'art, devint la propriété du nouveau duc de Mazarin, et ne changea pas de dénomination. L'ancien hôtel Tubeuf, nouvellement restauré par le cardinal, appartint au duc de Nevers et ne tarda pas à être connu sous ce nom. L'histoire des trois nièces de Mazarin est un des curieux épisodes de celle de la société française au 17e siècle. Non-seulement la beauté, l'esprit de ces trois filles ont fixé sur elles l'attention de leurs contemporains ; mais encore la singularité de leurs aventures, la grandeur de leurs alliances les ont placées au nombre des personnages historiques de cette époque. M. de Laborde n'a pas manqué de recueillir sur chacune d'elles des détails nombreux et piquants. L'aînée d'entre elles, Hortense Mancini, la plus remarquable par sa beauté, avait épousé, comme je l'ai dit, le fils du vieux duc de la Meilleraye, qui avait pris le nom de duc de Mazarin : elle préféra bientôt à la compagnie maussade de cet homme bizarre et sans capacité, celle qui se réunissait à l'hôtel de Nevers, autour de son frère, et qui, par l'élégance des mœurs, l'esprit et les occupations toutes littéraires, continuait en quelque sorte l'hôtel de Rambouillet. Un jour, l'Italienne impatiente sortit tout échevelée du palais Mazarin, et se sauva dans l'hôtel de Nevers. Elle en sortit bientôt pour se réfugier à Rome, et ne jamais revenir. Le duc de Mazarin, accablé de douleur en apprenant la fuite de sa femme, se livra aux actions les plus extravagantes, bonnes tout au plus à justifier la conduite de son infidèle. En voici une des plus étranges qui se rapporte au palais Mazarin, et dont un témoin oculaire nous a conservé le récit :

« Le cardinal de Mazarin avoit recueilli dans toute l'Europe des statues avec des dépenses et des soins im-

menses ; il les avoit léguées également à **M.** Mazarin et
à **M.** de Nevers, et substituées par son testament. Quel
droit avoit **M.** Mazarin de les mutiler et défigurer, lui qui
n'en étoit que le dépositaire ? Il part de Vincennes à la
pointe du jour pour cette fameuse expédition ; il fait lever
Tourolles, son garde-meuble, à présent garde-meuble de
la couronne, lui fait ouvrir une des galeries : il y entre
avec un masson qui travailloit chez lui, prend de sa main
un pesant marteau et se jette avec furie sur ces statues.
Tourolles, fondant en larmes, lui représente enfin la sub-
stitution et la mine qu'en fera **M.** Colbert, et la ruine de
tant de chefs-d'œuvre : sa lassitude fut la fin de son travail. Sur les sept heures du soir, **M.** Colbert y arrive,
M. Mazarin le suit, il y voit ce massacre, pour ainsi dire,
traite le fou de meurtrier, et le quitte percé d'une vérita-
ble douleur. **M.** Mazarin s'en va souper tranquillement, et
sur les neuf heures, accompagné de cinq ou six de ses
domestiques, il passe à l'atelier où les massons laissoient
leurs outils, donne **un** marteau à chacun des siens, re-
tourne à la galerie avec son escorte ainsi armée. Il anime
les uns par son exemple, il reproche aux autres leur lâ-
cheté ; il choisit pour partage ce sexe qu'il fuit et qu'il
désire, se jette sur leurs parties les plus éminentes, et
avec tant d'emportement, que l'on voyait bien à la fureur
de ses coups, que ces marbres froids l'avoient quelquefois
échauffé..... C'étoit le samedi, minuit sonne : ce signal
du jour du dimanche et du repos du Seigneur fait cesser
la besogne. — Le lendemain, le Roi envoya un exempt et
trois gardes du corps s'emparer de son palais, avec dé-
fense d'en sortir, jusqu'à ce que les commissaires eussent
dressé le procès-verbal. »

Enfin ce furieux extravagant mourut, et ce qui res-
tait des riches ameublements du cardinal fut vendu et
dispersé. Le palais même sortit de la famille, et en **1716,**
devint la propriété du fameux financier Law. Dans ces
vastes écuries où piaffaient naguère les mules et les
chevaux du cardinal, le nouveau surintendant établit
les comptoirs, les bureaux, l'imprimerie, tout l'atti-
rail nécessaire à l'exploitation de son trop séduisant sys-
tème. Comme aux jours de prospérité de son illustre
fondateur, le palais Mazarin retrouva tout à coup son ancienne splendeur et vit accourir dans ses murs la foule

des courtisans trop heureux d'acheter par quelques heures d'attente un seul mot, ou même un sourire de l'Écossais parvenu. Cette splendeur nouvelle ne dura que peu d'années : commencée en 1717, elle s'arrêta tout à coup au mois de novembre 1720. L'abandon et le silence firent bientôt place à ce tumulte étrange qui ressemblait à l'agonie d'un mourant.

Enfin, au milieu de l'année 1724, une pensée heureuse survint à l'abbé Bignon, garde général de la bibliothèque du roi. Cette pensée devait rendre au palais Mazarin son ancienne splendeur, et le garantir à jamais du marteau des démolisseurs. La bibliothèque du roi, confiée alors aux soins de l'abbé Bignon, n'était pas très-considérable, mais elle renfermait déjà des trésors bibliographiques du plus grand prix. Colbert, avec la pensée de la surveiller de plus près, l'avait placée, en 1666, dans une maison de la rue Vivienne qui avoisinait son hôtel. Au moment où Law quitta le palais Mazarin, l'abbé Bignon jeta les yeux sur cette vaste demeure pour y établir convenablement le trésor confié à sa garde ; après quatre années de démarches et d'une active persévérance, il obtint du régent des lettres-patentes, datées du 30 juillet 1724, qui affectaient l'ancien hôtel de Nevers au logement de la Bibliothèque royale. Dans le cinquième chapitre de son travail, M. de Laborde fait connaître de quelle manière s'opéra ce changement, les soins apportés par le bibliothécaire à la confection de chacune des armoires et des tablettes. Il termine par des observations très-judicieuses sur l'insuffisance du local actuel, et sur la nécessité des travaux d'agrandissement qui, grâces au ciel, ne tarderont pas à être exécutés.

Deux parties bien distinctes composent le travail de M. de Laborde, et c'est seulement la première que je viens d'analyser. La seconde partie, beaucoup plus étendue que celle qui la précède, est aussi très-curieuse, et mérite à tous égards un examen sérieux. Elle se compose de notes imprimées en petits textes à deux colonnes, et qui s'élèvent au nombre très-considérable de *sept cents*. La majeure partie, il est vrai, se compose de simples indications bibliographiques, ou de courts éclaircissements. Cependant il faut en signaler une soixantaine environ qui ne comprennent pas moins de dix, quinze ou vingt colonnes chacune, et qui renferment, sur différentes circonstances

de la vie de Mazarin, les documents les plus précieux.
M. de Laborde, en émettant au sujet du cardinal-ministre des opinions nouvelles, souvent contradictoires à
celles qui sont généralement reçues, a cru nécessaire de
justifier ces opinions par des preuves tellement décisives,
tellement abondantes, que presque toujours elles sont sans
réplique.

Dans ces notes, il a traité séparément tous les points
essentiels de la vie de Mazarin ; il a soumis à une analyse
sévère et à l'épreuve des pièces justificatives inattaquables toutes ces assertions devenues vulgaires à force d'être répétées, et il est arrivé qu'aucune d'elles n'a résisté
à cet examen consciencieux.

Avant d'examiner la valeur de quelques-unes de ces
notes, qu'il me soit permis d'indiquer ici avec leur numéro
d'ordre celles qui ont particulièrement rapport à l'histoire
de Mazarin : « 1° Indication des sources d'une histoire
de Mazarin. *Sources manuscrites et inédites.* Les papiers
de Mazarin, ses agendas, sa correspondance, affaires anglaises, italiennes, espagnoles, etc. Les papiers de Colbert, sa correspondance, etc., etc. *Ouvrages publiés.* Les
mémoires, les biographies, les portraits, les histoires spéciales, etc., la muse historique. Recherches sur Loret,
sa vie, ses écrits ; les gazettes manuscrites et la gazette
Renaudot, etc.

« 15. Portraits du cardinal par ses contemporains.

« 16. La reine Anne d'Autriche et le cardinal. De
quelle nature leur relation. Lettres de la reine. Lettres du
cardinal (inédites) ; les notes de ses agendas (inédites) ;
lettres à Colbert (inédites). Opinions des contemporains.
Les mazarinades. Réimpression de la pièce de Blot, intitulée *la Custode de la reine.* Les chansons. Les mémoires du temps, etc., etc... Fils de l'intrigue Jarzé donnés
par le cardinal dans ses agendas (inédits).

« 17. La reine ne prend pas d'intérêt aux affaires,
conseil qu'elle reçoit du cardinal (inédit).

« 22. Le président Tubeuf et sa maison. Il la vend et
ne la joue pas ; son prix, retards dans les payements ; ses
charges, sa position près de la reine, ses rapports avec le
cardinal.

« 27. Les mazarinades, leur origine, leur nombre, le

mode de la vente, les hommes remarquables qui ont pris part à leur rédaction, etc.

« 29. François Mansart, architecte du palais Mazarin, après le refus du Bernin de venir à Paris. Réimpression d'une mazarinade intitulée *Inventaire des merveilles du monde rencontrées dans le palais du cardinal Mazarin*. A Paris, chez Rolin de la Haye. in-4°. 1649.

« 45. Généalogie du cardinal, faite à Rome, avec soin, d'après ses ordres. Lettre de l'évêque de Fréjus (inédites). Opinions des contemporains. Recherches récentes.

« 52. Détails sur Romanelli, sa vie et ses travaux.

« 60. Catalogue de plus de cent cinquante portraits gravés du cardinal, etc.

« 66. La collection de tableaux du cardinal.

« 84 à 96. Extraits des correspondances inédites et des agendas sur les acquisitions du cardinal faites à l'étranger.

« 97. Les écuries du cardinal. Papiers de Colbert (inédits).

« 98 à 100. La bibliothèque du cardinal, formée par Naudé. Réimpression de la requête au parlement.

« 116. L'abbé Mondini, homme d'affaires du cardinal. Détails sur ses acquisitions.

« 122 à 128. Le luxe des équipages du cardinal. Entrée du roi à Paris. Les estampes du temps.

« 129 à 131. Le jardin du palais Mazarin. Lettres de Colbert (inédites). Le jeu de boules, etc...

« 132 à 140. J.-B. Colbert, ses commencements, sa gestion des revenus du cardinal. Etat des revenus du cardinal pour plusieurs années, 1653 à 1660. Lettres de Colbert (inédites).

« 142. La famille du cardinal. Sa sœur, ses neveux, ses nièces. Leurs naissances, leurs alliances, leur mort.

« 144 à 148. Détails sur les jeunes Mancini. Leur arrivée successive. Leur beauté. Opinions des contemporains. mazarinades. Chansons (inédites). Les mémoires du temps, les gazettes, etc.

« 152. Marie Mancini, le roi. Correspondance du cardinal avec Louis XIV. Belle conduite du ministre. Fai-

blesse de la reine. Passion du roi, amour de la jeune fille.
Les contemporains tombent d'accord que Mazarin pouvait
conclure le mariage et le faire accepter de tous. Le maré-
chal de Villeroy, etc., etc...

« **165 à 166.** La loterie du palais Mazarin décrite par
Mlle de Montpensier.

« **169 à 188.** Éducation de Louis XIV. Opinion des
contemporains Brienne, Laporte, Choisy, etc. Le maré-
chal de Villeroy. Agendas du cardinal. Beaumont de Pe-
refixe. Détails. Histoire de Henri IV. Les éditions sont-
elles mutilées ? Extraits des correspondances inédites.

« **200 à 208.** La Fronde. Extraits des agendas (inéd.).
Mémoires du temps.

« **209.** Vente des meubles du palais Mazarin et de la
bibliothèque. Guy-Patin, Loret, le cardinal de Retz,
Naudé, la correspondance de Mazarin et de la reine.

« **227.** Rétablissement des collections dans le palais
Mazarin. Les tapisseries, les tableaux, les livres, lettres
inédites de Colbert, de la reine Christine, de Mazarin.
Extraits de ses agendas (inédits). Détails donnés par
Loret.

« **231.** Biens laissés par le cardinal. Papiers de Colbert (inédits). Extraits des agendas.

« **269.** Mazarin ambitionne la papauté. Mignon-
Choisy, Lenet, Loret, et les agendas (inédits).

« **272-273.** Détails sur la mort de Mazarin, sa fermeté, les épitaphes satiriques, les chansons (inédits).

« **274.** Le testament du cardinal Mazarin annoté. »

Cette analyse succincte des notes principales qui composent la seconde partie du travail de M. de Laborde peut
donner une idée du soin avec lequel il a étudié toutes les
particularités de l'histoire de Mazarin. La première de ces
notes, par exemple, qui ne renferme pas moins de cin-
quante-deux colonnes, abonde en renseignements précieux sur la partie bibliographique de cette histoire. L'auteur y donne un aperçu fort amusant de la gazette en
vers du célèbre Loret, et de tous les autres ouvrages du
même genre venus après celui-là et aussi à la même époque, dans le but de le continuer, ou bien de faire concur-

rence à son auteur. Au nombre des documents inédits relatifs à l'histoire du cardinal que M. de Laborde a fait connaître dans cette note, il en est un des plus curieux dont il a cité dans le cours de son travail des traits piquants. Je veux parler des quinze carnets de Mazarin, qui appartiennent à la Bibliothèque royale, et qui comprennent les notes et les souvenirs recueillis par ce ministre, depuis 1642 jusqu'à l'année 1651. Ces quinze petits carnets, reliés en maroquin rouge, et enfermés dans une boîte élégante, sont placés au cabinet des Manuscrits dans le fonds Baluze. Voici la traduction littérale de l'une des pages de ces carnets, écrite en italien, et qui renferme, sur le prince de Condé, un jugement aussi vrai que bien exprimé :

« Le prince de Condé est, de sa nature, dissimulé et méfiant avec ses meilleurs amis.

« Il n'a de tendresse ni d'affection pour personne, car autrement il ne se serait pas ainsi livré à l'Espagne pour le moindre de ses intérêts ou la moindre de ses satisfactions.

« Il conserve les apparences avec ses parents et ses amis plutôt par une sorte de politique et de convenance que pour tout autre motif; et s'il ne néglige pas l'occasion de prendre le parti de ses amis, et de soutenir leurs intérêts, comme il l'a fait au sujet de Chabot, c'est bien plus dans le but de se ménager des partisans, en montrant la fermeté avec laquelle il les protége, que pour leur rendre service. En un mot, dans toute sa conduite par rapport aux autres, il pense d'abord à lui-même, et ne leur accorde d'appui et de secours qu'autant qu'il peut en résulter quelque avantage pour son rang.

« Il a le cœur dur, et il voit mourir, sans en être le moins ému, non-seulement plusieurs de ses serviteurs, mais ses meilleurs amis. On en a eu une preuve bien certaine à l'occasion de la mort de Laval et de Chabot, gentilshommes qu'il aimait de préférence à tous les autres; et cependant leur perte ne lui a causé aucun sentiment de regret, au scandale de toute l'armée et surtout de ses serviteurs, qui ont pu juger par là de quelle manière il regretterait leur mort.

« Il n'existe pas un prince plus brave et plus hardi, et

qui, dans les plus grands dangers, conserve un meilleur jugement.

« Il n'est gouverné par personne, et bien que, dans certaines occasions, il apprécie les conseils qui lui sont donnés avec ménagement, il n'en agit pas moins d'après sa propre décision, et ne défère aux avis de personne.

« Il ne croit pas facilement aux rapports, et il n'est pas aisé de l'obliger à donner suite à un mauvais office. C'est un homme d'ordre et d'économie, et il n'est, en aucune manière, porté à avoir le défaut de tous les généraux, celui d'encourager les plaintes des soldats au sujet de ce qui leur manque, et particulièrement de l'argent, en rejetant sur la cour les traitements qu'ils reçoivent.

« Il ne cherche nullement à gagner la faveur des soldats et l'affection des officiers aux dépens des ministres qui ont la direction des affaires et du service du roi, en s'exemptant des fonctions et des règlements nécessaires pour mener à fin les grandes entreprises.

« Aucun général ne peut tirer plus de profit d'une armée que lui.

« Il n'augmente pas le nombre des ennemis et ne diminue pas avec art la force de son armée, comme cela est habituel à tous les généraux ; mais il dit la vérité, et ne se plaint jamais d'être abandonné ou de n'être pas secouru.

« Il est maître de lui-même, et règle plus qu'on ne peut dire toutes ses passions. Il parle bien et avec facilité, et ne hasarde pas une parole de plus qu'il n'a résolu de le faire.

« Il a étudié avec soin les belles-lettres et la philosophie, ce qui lui fournit les moyens de discuter facilement comme il le fait sur des choses indifférentes et sur celles qui regardent ses intérêts ; mais il veut toujours avoir raison dans ses discussions, et le meilleur de ses amis peut craindre de perdre son amitié s'il lui tient tête jusqu'au bout, bien qu'il défende une bonne cause et que ses raisons l'emportent sur celles du général, et soient concluantes et de la plus grande évidence au jugement de tout le monde. Aussi se fâche-t-il d'autant plus, lorsqu'il reconnaît qu'il défend une mauvaise cause, et que ses

raisons sont faibles et détruites par son adversaire; c'est
alors qu'il paye d'autorité, et qu'il tourne en ridicule la
personne qui discute avec lui, et les raisons qu'elle pro-
duit. »

Dans la note 16, M. de Laborde traite une question fort
délicate, la plus controversée peut-être de toutes celles qui
regardent Mazarin, la question de ses rapports intimes avec
Anne d'Autriche. On sait tout ce qui a été dit et écrit à
cet égard, et de nos jours l'opinion qu'un mariage secret
unissait le ministre à la régente est devenue presque générale. M. de Laborde paraît avoir adopté cette opinion,
et il en a recueilli les témoignages les plus infimes dans
les chansons, les pamphlets et les mémoires du temps.
Toutes ces obscénités en vers et en prose, tous ces ouï
dires, ne sont pas des preuves suffisantes, comme l'a très-
bien observé l'auteur; j'avoue que je n'y reconnais pas
même, comme lui, *l'imposant témoignage d'une opinion
générale qui se traduit dans toutes les langues que parle la
passion.*
La note 27 sur les mazarinades est assez succincte,
mais elle renferme des détails utiles ; c'est avec raison que
M. de Laborde invoque la multiplicité de ces pamphlets
comme une preuve de la douceur et de la mansuétude du
cardinal.
Dans la note 29, M. de Laborde a réimprimé une mazarinade assez rare qui peut nous donner l'idée de la ma-
gnificence du palais du cardinal. Les cabinets d'ébène, les
tables de marbre ou incrustées de mosaïque et de pierres
précieuses, les richesses de toute nature enfin sont décrites
avec soin dans cette pièce, bien que dans un but sati-
rique.
La note 60, qui contient le catalogue de 119 portraits
en pied, bustes ou médailles du cardinal Mazarin, sert
d'éclaircissement à une belle gravure de Nanteuil, que
M. de Laborde a reproduite, qui représente le cardinal
assis au milieu des objets d'art dont était composée sa
galerie.
Les notes 132 à 140 sont relatives à la gestion des
biens du cardinal par son intendant J.-B. Colbert, le
même qui fut depuis si célèbre comme ministre de
Louis XIV. Nous y voyons combien étaient considérables
les revenus du cardinal, combien Colbert mettait de l'or-

dre et de l'économie dans les plus petites affaires, comment il consultait le maître sur tous les points, et comment, au milieu des grandes affaires politiques dont il était sans cesse accablé, Mazarin trouvait le temps de répondre à son intendant et de vaquer aux soins de son ménage. A la date du 4 mai 1658, Colbert écrit : « Je supplie Votre Eminence de me faire sçavoir si je feray détendre tous les appartemens de son palais pour faire nettoyer tous les meubles et toutes les tapiceries. Je fais travailler à détendre l'appartement du Louvre. — Le très humble, très obéissant, très obligé et très fidel serviteur, COLBERT. »

Le cardinal répond en marge : « Il faut faire detapisser les appartemens de ma maison, afin de faire nettoyer tout. Amiens, 6 mai 1658. »

Un point de l'histoire de Mazarin que M. de Laborde s'est surtout appliqué à éclaircir, c'est celui qui a rapport à sa famille, et principalement à ses trois nièces, dont les mariages ont été si célèbres. Plusieurs notes sont consacrées à ce sujet ; mais la plus curieuse, qui est aussi de beaucoup la plus étendue, est la note 152. Elle a rapport aux amours de Louis XIV, à peine âgé de vingt ans, avec Marie Mancini, la troisième des nièces du cardinal, qui devint peu après la connétable Colonne. A l'aide d'une correspondance aussi curieuse que complète, l'auteur nous déroule toutes les péripéties de ce drame, qui ne dura pas moins de plusieurs mois, et qui fut sur le point de faire manquer le traité de paix de Saint-Jean-de-Luz, et de rallumer la guerre dans toute l'Europe. Déjà ceux qui ont étudié l'histoire dans les documents originaux n'ignoraient pas que Mazarin avait déployé dans cette affaire une grande prudence, beaucoup de fermeté, et que, loin de céder à cette satisfaction égoïste de voir une de ses nièces monter sur le trône de France, il avait complétement immolé l'intérêt de famille à celui de l'Etat, et contribué à détacher le roi de sa nièce. En lisant la correspondance étendue et en partie inédite que M. de Laborde a publiée sur cette affaire, il est impossible de garder aucun doute sur le rôle que Mazarin y a joué, et de ne pas admirer la conduite qu'il y a tenue. Non-seulement il employa, pour séparer le roi de l'objet de sa passion, tous les moyens dont dispose un ministre favori, mais encore,

à force de faire entendre au jeune prince la voix de la raison, il parvint à le ramener au sentiment de son devoir. Il y eut dans cette conduite d'autant plus de grandeur, que le témoignage des contemporains est unanime pour reconnaître que cette mésalliance, toute impolitique qu'elle pût être, n'aurait entraîné aucune catastrophe au moment où elle se fût passée.

L'analyse de quelques autres notes aussi très-curieuses, mais qui ne sont pas particulières à l'histoire du cardinal, m'entraînerait beaucoup trop loin ; je me contenterai de les signaler dans leur ensemble, et j'ajouterai que ces notes seront consultées avec le plus grand fruit par tous ceux qui voudront étudier la topographie parisienne au 17ᵉ siè-cle, et la vie privée de nos ancêtres à la même époque.

LE ROUX DE LINCY.

Article inséré au MONITEUR UNIVERSEL
du 10 janvier 1847.

Imprimerie PANCKOUCKE, rue des Poitevins, 6.